Der Beziehungsratgeber für eine glückliche Partnerschaft ohne Beziehungsprobleme

So retten Paare ihre Beziehung mit Kommunikation, Sex und Liebe

Von Heilkreis Just

Inhaltsverzeichnis

Wie man eine gute Beziehung hat und sie am Leben erhält.

Konzepte

Das menschliche Leben konzentriert sich auf Beziehungen und Familie. Beziehungen haben einen großen Einfluss auf die menschliche Gesundheit, d.h. eine gute Familie und Freundschaft lindern den Stress und vermeiden so psychische Erkrankungen. Sie geben Ihnen die Energie und den Mut, ein gesünderes Leben zu führen.

All dies besagt, dass eine Beziehung beginnt, wenn Sie jemand anderem Ihre Zeit und Aufmerksamkeit schenken. Für den Fall, dass Sie isoliert sind, ist das Beste, was Sie tun können, Community-Aktivitäten oder familiäre Beziehungen. Wenn Sie Wege finden, anderen zu helfen, fühlen Sie sich viel besser und zahlen sich später aus, wenn Sie Unterstützung benötigen. Gute Gesundheit bedeutet, für sich selbst zu sorgen, was unendlich einfacher ist, wenn sich auch andere Menschen um Sie kümmern.

Wenn Ihre Beziehung in Schwierigkeiten gerät, ergreifen Sie Maßnahmen, um den Konflikt durch Kommunikation zu lösen, und suchen Sie Rat bei anderen Paaren. Was uns interessiert, ist der Aufbau einer gesunden und nachhaltigen Beziehung.

Definition der Begriffe

1. Beziehung:

Merriam Webster definiert eine Beziehung als die Art und Weise, wie zwei oder mehr Personen, Gruppen, Länder usw. miteinander sprechen, sich ihnen gegenüber verhalten und miteinander umgehen, sowie als eine romantische oder sexuelle Freundschaft zwischen zwei Personen und die Art und Weise, wie zwei oder mehr Menschen oder Dinge sind miteinander verbunden.

Wikipedia definiert eine Beziehung als; die Verbindung, die zwischen Verwandten, zwischenmenschlichen Beziehungen, einer starken, tiefen oder engen Verbindung oder Bekanntschaft zwischen zwei oder mehr Personen, Korrelation und Abhängigkeit oder einer romantischen Beziehung besteht, eine Verbindung zwischen zwei Personen, die durch Liebe und / oder sexuelle Anziehung und schließlich angetrieben wird als genetische Beziehung (Begriffsklärung).

2. Liebe:

Liebe ist definiert als der Klebstoff, der eine Beziehung stark und fest hält. Eine liebevolle Beziehung wird nicht an einem Tag aufgebaut; es braucht Zeit, um zu reifen, genau wie guter Wein, und es braucht Zeit, um zu reifen. Die Fäden der Liebe brauchen Zeit, um eine starke Bindung zu bilden, die entsteht, wenn Sie und Ihr Partner Ihre Gedanken, Ängste, Träume, Herausforderungen und Träume teilen. Nur wenn Sie und Ihr Partner Ihre Gedanken, Ängste, Träume und Hoffnungen teilen, kann die Liebe Wurzeln schlagen. Vertraue also dem Prozess, den Liebe braucht, und beeile dich nicht.

Arten von Beziehungen

Trotz der Tatsache, dass Menschen geselliger Natur sind, haben sie auch unterschiedliche Assoziationsmuster. Hier sind die häufigsten Arten von Beziehungen.

1. Monogame Beziehungen

Monogame Beziehungen sind die traditionellsten Formen, von Beziehungen und für jüngere Generationen in der Regel am einfachsten zu verstehen. Dies liegt daran, dass sie es meistens von ihren Eltern praktiziert sehen. In dieser Art von Beziehung ist man immer nur für einen sexuellen / romantischen Partner offen. Die meisten Menschen, die eine monogame Beziehung eingehen oder heiraten, tun dies, weil sie monogam sein wollen, obwohl dies nicht immer für immer so bleibt.

2. Polyamouröse Beziehungen

Wer nicht monogam bleiben oder sich für monogam entscheiden möchte, geht stattdessen polyamore Beziehungen ein. Wenn jemand polyamourös ist, bedeutet dies, dass er mehr als eine romantische Beziehung gleichzeitig hat. Am häufigsten haben polyamore Paare einen primären Partner, einen sekundären Partner und vor allem das Verständnis, dass sich diese Positionen ändern können, wenn sich ihre individuellen Bedürfnisse ändern. Andere behandeln jede Beziehung, die sie eingehen, als vollkommen gleich. Der Schlüssel zu einer erfolgreichen, aber vor allem polyamoren Beziehung ist eine ehrliche und effektive Kommunikation zwischen allen Beteiligten.

3. Öffnen Sie Beziehungen

Offene Beziehungen sind eine Mischung aus monogamen und polyamoren Beziehungen. Obwohl eine offene Beziehung es den beiden Paaren ermöglicht, körperliche Intimität mit jeder Person auszudrücken, die sie sich wünschen, behalten sie ihre emotionale Intimität für einander. Infolgedessen kann jeder Mensch so viele Sexualpartner haben, wie er möchte, und trotzdem nur einen intimen Partner.

4. Fernbeziehungen

Eine Fernbeziehung ist ziemlich einfach, da sie nur dann zustande kommt, wenn die Partner eine lange Distanz zwischen ihnen haben. Aufgrund der mangelnden körperlichen Intimität, die durch die körperliche Trennung des Paares verursacht wird, möchten einige ihre Beziehung öffnen, während sie weit voneinander entfernt leben. Obwohl das „Fern“ -Element dieses Beziehungsmodells im Allgemeinen kurzfristig ist, können sich einige Paare dafür entscheiden, für immer glücklich und getrennt zu leben.

5. Casual Sex Beziehungen

In einer ungezwungenen sexuellen Beziehung akzeptieren beide Partner, regelmäßig miteinander Sex zu haben, und das war's. Personen in ungezwungenen sexuellen Beziehungen können gleichzeitig physisch und / oder emotional mit anderen Menschen intim sein, vorausgesetzt, beide Personen sind damit einverstanden. Beiläufige sexuelle Beziehungen könnten auch „exklusiv" sein, was bedeutet, dass keine Person mit jemand anderem schläft, was zufällig monogamen Beziehungen sehr ähnlich ist, ohne die emotionale Verbindung.

6. ‚Freunde mit Vorteilen‘ Beziehungen

Eine Beziehung „Freunde mit Vorteilen“ ist wie eine ungezwungene Sex-Beziehung, mit einem wesentlichen Unterschied zu einer etablierten, platonischen Freundschaft. Häufig beginnen „Freunde mit Vorteilen“ -Beziehungen, wenn zwei Freunde sich darauf einigen, eine gegenseitige sexuelle Anziehung zu üben. Außerhalb der sexuellen Beziehung agieren die Partner rein platonisch. Normalerweise endet die Beziehung zu Freunden mit Vorteilen, wenn einer oder beide Partner beginnen, sich mit jemand anderem zu verabreden.

7. Asexuelle Beziehungen

Manche Menschen sind asexuell, was bedeutet, dass sie weder sexuellem Verlangen noch Anziehung zu anderen Menschen begegnen. Sie möchten jedoch trotzdem an einer romantischen Beziehung teilnehmen. Während sich asexuelle Menschen normalerweise treffen, um eine rein asexuelle Beziehung aufzubauen, ist dies nicht immer der Fall. Wann immer eine asexuelle Person zusammen mit einer sexuellen Person eine Beziehung eingeht, kann dies laut dem Asexuality Visibility & Education Network zahlreiche Formen annehmen.

Das Paar kann sich dafür entscheiden, völlig geschlechtslos zu sein, oder der asexuelle Partner kann unter bestimmten Umständen „Kompromisse“ eingehen, indem er sich gelegentlich auf Sex einlässt, oder Partner können mit „pseudosexuellem Verhalten“ wie Kuscheln experimentieren, um eine Vereinbarung zu finden, die tatsächlich für beide funktioniert.

Eigenschaften, um eine gute Beziehung zu bekommen

Es gibt viele Faktoren, die den Erfolg einer Beziehung bestimmen. Jeder möchte eine Beziehung, aber nur wenige sind bereit, sie zum Laufen zu bringen. Hier sind einige Eigenschaften, um eine gute Beziehung zu bekommen und aufrechtzuerhalten.

1. Respekt

Respekt ist eine Schlüsselqualität in jeder gesunden Beziehung. Das Gegenteil trifft auf ungesunde Beziehungen zu, in denen ein Partner versucht, die Kontrolle und Macht über den anderen körperlich, sexuell und sogar emotional auszuüben.

Die Aufklärung unserer heutigen Jugendlichen über den Wert von Respekt und dessen Auswirkungen auf gesunde und ungesunde Beziehungen, bevor sie sich einbringen, ist ein wichtiger Schritt, um die wachsende Gefahr von Trennungen, insbesondere bei jungen Paaren, einzudämmen. Manchmal sind diese Trennungen auf die Tatsache zurückzuführen, dass Jugendliche möglicherweise nicht über die erforderlichen Techniken verfügen, um gesunde Beziehungen aufzubauen und zu pflegen, und vor allem nicht wissen, wie sie sich bei Bedarf auf angemessene Weise trennen können.

Einige Jugendliche nehmen ihre Frustrationen

aus einer Beziehung, um sie in die nächste umzusetzen, was nicht angemessen ist. Sogar das Naturgesetz besagt, dass „dieselben Ursachen dieselben Wirkungen haben“. Die Aufrechterhaltung offener Kommunikationswege kann Paaren dabei helfen, gesunde Beziehungen aufzubauen und die Anzeichen ungesunder Beziehungen zu erkennen, wodurch Gewalt verhindert wird, bevor sie beginnt.

Respekt bedeutet, dass jeder Mensch den anderen schätzt und seine Grenzen versteht.

2. Vertrauen

Sobald Sie in einer Beziehung sind, müssen Sie verstehen, dass zwei Personen involviert sind, und als solche müssen wir lernen, unseren Partnern den Vorteil des Zweifels zu geben. Nicht jeder möchte dich zusammen sehen. Vertrauen kann dich vereinen.

3. Ehrlichkeit

Ehrlichkeit schafft Vertrauen und stärkt die Beziehungen. Sagen Sie Ihrem Partner die

Wahrheit, auch wenn es weh tut. Im Moment mag das Lügen ansprechend erscheinen, aber ich kann Ihnen versichern, dass eines Tages die Wahrheit herauskommt und Sie keine Kontrolle darüber haben werden.

4. Kompromiss

Es ist sehr wichtig, zu verstehen, dass Sie möglicherweise nicht immer das bekommen, was Sie wollen, oder Dinge auf Ihre eigene Weise erledigen. Erkennen Sie die unterschiedlichen Standpunkte und seien Sie bereit zu geben und zu nehmen. Das ist die Stärke des Kompromisses für Ihren Partner.

5. Individualität

Die Tatsache, dass Sie in einer Beziehung sind, bedeutet nicht, dass sich Ihr persönliches Selbst als existent erweist. Jeder Partner sollte weiterhin seine oder ihre Freunde sehen und die Dinge tun, die er / sie liebt. Jeder sollte seinen Partner dabei unterstützen, neue Hobbys zu verfolgen oder neue Freunde im Leben zu finden.

6. Kontrollieren Sie Ihren Ärger

Es ist ganz normal, im normalen Leben wütend zu werden, daher ist eine Beziehung nicht anders, aber wie wir sie ausdrücken, kann sich positiv oder negativ auf unsere Beziehungen zu anderen auswirken. Erfahren Sie, wie Sie Ihren Ärger auf gesunde Weise handhaben können, z. B. durchatmen, bis Zehn zählen oder es aussprechen. Manchmal kann man einen Spaziergang machen, um sich zu beruhigen.

7. Die Stärke des Arguments

Es gibt keine perfekte Beziehung, irgendwann muss es Streit geben, und es ist sehr wichtig, sich an das Thema zu halten und Beleidigungen zu vermeiden. Dies ist der beste Weg, um Lösungen zu finden. Beteiligen Sie sich an konstruktiven Argumenten. Partner sollten eine kurze Pause voneinander einlegen, wenn die Diskussion zu hitzig wird.

8. Probleme lösen

Lernen Sie immer, Probleme zu lösen und neue Lösungen zu finden, indem Sie ein Problem in kleine Teile zerlegen oder die Situation mit Ihrem Partner durchsprechen. Nehmen Sie sich Zeit, um zu verstehen, wie sich Ihr Partner möglicherweise fühlt.

9. Selbstvertrauen

Glauben Sie an sich selbst und haben Sie Vertrauen in das, was Sie beitragen. Es wird Ihrer Beziehung zu anderen helfen. Selbstbewusstsein zeigt, wie ruhig und behaglich Sie sind, wenn Sie anderen erlauben, ihre Meinung zu äußern, ohne Ihre Meinung zu erzwingen.

10. Gesunde sexuelle Beziehung und Vorbild sein

Gehen Sie eine sexuelle Beziehung ein, die für Sie beide angenehm ist, und vermeiden Sie das Gefühl, dass eine Person unter Druck gesetzt oder gezwungen wird, sexuelle Aktivitäten außerhalb ihrer Komfortzone oder ohne Zustimmung auszuführen. Respekt bedeutet, dass Partner sich gegenseitig, Freunde und Familie zu respektvollem und nachhaltigem Verhalten inspirieren können.

So pflegen Sie eine starke Beziehung

Jeder möchte, dass seine Beziehung funktioniert, vergisst aber zu verstehen, dass Liebe nie genug ist. Obwohl Liebe die Grundlage jeder romantischen Beziehung ist, müssen beide Parteien bereit sein, gemeinsam zu arbeiten, um eine gesunde Beziehung zu haben. Hier ist der perfekte Weg, um Ihre Beziehung stark zu halten.

I. Akzeptanz und Wertschätzung üben.

David Richoi erklärt in seinem Buch mit dem Titel „Wie man in Beziehungen erwachsen wird: Die fünf Schlüssel zum achtsamen Lieben“, dass zwei der Schlüssel zum achtsamen Lieben Akzeptanz und Wertschätzung sind. Richo zitiert weiter, um diese Idee auszudrücken: „In einer echten Du-und-Ich-Beziehung sind wir achtsam und nicht aufdringlich präsent, so wie wir mit Dingen in der Natur präsent sind.“ Wir sagen einer Birke nicht, dass sie eher wie eine Ulme sein sollte. Wir haben keine Agenda, nur Wertschätzung. . . „

2. Verstehe, dass alle Beziehungen ihre Höhen und Tiefen haben und benutze das Wort „wir“

Genauso wie Sie nicht erwarten können, dass Sie immer glücklich sind, sollten Sie nicht erwarten, dass Ihre Beziehung auf einem kontinuierlichen Hoch ist. Machen Sie Verpflichtungen, die Sie verteidigen möchten.

Tamar Chansky (Ph.D.) erklärt, dass der Forscher Robert Levenson und seine Kollegen von der University of California in Berkeley (USA) herausgefunden haben, dass Paare, die im Gespräch das Wort „wir“ verwenden, glücklicher, ruhiger und zufriedener mit ihren Beziehungen sind als Paare, deren Kommunikation mehr von den Pronomen „du“, „ich“ und „ich“ geprägt war.

Dr. Chansky erklärt weiter, dass das Wort „wir“ in jeder Beziehung eine Veränderung darstellt. Von der Auslösung eines Programms der Verbundenheit im Gehirn bis hin zu einer kollaborativen Denkweise anstelle von „Du gegen Ich“. Diese kollaborative Einstellung macht uns liebevoller und großzügiger miteinander.

4. Befolgen Sie den dreitägigen Dankbarkeits-plan.

Eine andere erprobte und genehmigte Strategie besteht darin, den dreitägigen Dankbarkeitsplan einzuhalten. Laut Rita Watson, Associate Fellow am Yale Ezra Stiles College, wird eine Haltung der Dankbarkeit Ihr Liebesleben wiederbeleben. Rita gibt an, dass eine Studie mit 77 verheirateten heterosexuellen und monogamen Paaren bewiesen hat, dass sich die Teilnehmer mit ausdrücklicher Dankbarkeit „liebevoller fühlten".

„Diese Paare gaben an, sich friedlicher, amüsierter und stolzer zu fühlen. Sie empfanden ihren Partner als verständnisvoller, fürsorglicher, bestätigender und vor allem reaktionsfähiger. Es war wahrscheinlicher, dass diese Paare sich spontan bei ihrem Partner für etwas bedankten, das sie an einem bestimmten Tag geschätzt hatten. Und sie waren insgesamt zufriedener mit der Qualität ihrer Beziehung. “Die Menschen brauchen Innovationen in Beziehungen sowie Überraschungen.

Rita Watson empfiehlt den folgenden dreitägigen Dankbarkeitsplan:

Tag 1: Finden Sie drei Eigenschaften heraus, die Sie an Ihrem Partner mehr lieben, und konzentrieren Sie sich den ganzen Tag auf diese Eigenschaften.

Tag 2: Identifizieren Sie drei Dinge, die Sie an Ihrem Partner irritieren, und versuchen Sie so viel wie möglich, ihnen zu vergeben.

Tag 3: Sprechen Sie am dritten Tag nur positive Dinge über Ihren Partner.

Verwenden Sie diesen dreitägigen Plan als Reinigungsmaßnahme, mit der Sie Gefühle beseitigen können, die verhindern, dass Ihre Beziehung gedeiht.

5. Halten Sie die Neuheit am Leben.

Der positivste Aspekt einer langen Beziehung zu jemandem ist, dass man sich wirklich besser kennenlernt. Die negative Seite davon ist, dass die Neuheit mit der Zeit nachlässt und die Menschen die Neuheit lieben.

Es gibt eine Möglichkeit, die Neuheit am Leben zu erhalten. Beginnen mit;

Probieren Sie ständig neue Dinge zusammen. Dies schafft diese Aufregung und beseitigt die Ungewissheit, die vom Unbekannten ausgeht, auch wenn Sie mit jemandem zusammen sind, den Sie sehr gut kennen.

6. Behalten Sie die Verspieltheit bei und zeigen Sie sich gegenseitig täglich körperliche Zuneigung.

Jeder liebt es zu spielen, unabhängig vom Alter. Dies kann in diesem Aspekt helfen; gemeinsam Spaß haben, gemeinsam lächerliche Dinge tun und bei Bedarf einfach loslassen. Wenn Ihr Partner etwas sagt, das Sie stört, versuchen Sie außerdem, mit einem Witz zu antworten, anstatt sich in die Defensive zu begeben.

7. Geben Sie Ihrem Partner Raum.

Arthur Schopenhauer (Philosoph) hat am Beispiel der Stachelschweine ein Dilemma erklärt, das in menschlichen Beziehungen häufig vorkommt. Zwei Stachelschweine, die versuchen, sich warm zu halten, rücken näher aneinander. Wenn sie sich jedoch zu nahe kommen, stechen sie sich gegenseitig mit ihren Stacheln an, was zu einem Problem wird.

Der gleiche Fall tritt in unseren Beziehungen auf. Wir wollen uns verbinden, aber wir wollen auch Raum. Die Lösung wäre, den Sweet Spot zu finden, an dem wir wirklich die Wärme spüren, die von einer Beziehung herrührt, obwohl wir uns gleichzeitig gegenseitig genügend Raum geben, um sicherzustellen, dass sich niemand von den Stacheln des anderen gestochen fühlt (Gefühle der verlorenen Individualität, Überfüllung usw.).

8. Wenden Sie „AAA“ an.

Mira Kirshenbaum, Psychotherapeutin und Autorin von „The Weekend Marriage“, weist darauf hin, dass es am besten ist, die AAA-Strategie anzuwenden, wenn Ihr Partner über etwas verärgert ist, das Sie getan haben. Dies impliziert Entschuldigung, Zuneigung sowie ein Versprechen des Handelns.

Zeigen Sie Ihrem Schatz, dass es Ihnen leidtut, dass Sie verletzt wurden, oder vielleicht, dass er oder sie.

Bieten Sie eine sinnvolle Geste der Wärme an, zum Beispiel eine Umarmung oder vielleicht einen Kuss.

Versprechen Sie, Maßnahmen zu ergreifen, die für ihn von Bedeutung sind.

9. Achten Sie auf das Positive und seien Sie auch unterstützend.

Dr. Terri Orbuch forscht seit 1986 langfristig an glücklichen und gestärkten Paaren. Sie empfiehlt den Paaren, auf das Positive zu achten. Sie fügt hinzu, dass glückliche Paare darauf achten, was in ihrer Beziehung sehr gut läuft, anstatt sich auf das zu konzentrieren, was schief läuft.

Wenn Sie auf einen negativen Aspekt aufmerksam machen müssen, stellen Sie außerdem sicher, dass Sie dies auf positive Weise tun. Zum Beispiel, wenn Ihr Partner sich unordentlich bemüht, ihn oder sie über Folgendes zu informieren: „Es macht mich so glücklich, nach Hause in ein sauberes Zuhause zurückzukehren.

Wenn die Dinge chaotisch sind, fühle ich mich gestresst. Lassen Sie uns eine einheitliche Lösung finden.“

Es gibt verschiedene Methoden, um Ihren Partner zu unterstützen:

- Geben Sie emotionale Unterstützung: Achten Sie auf sie, wenn sie verärgert sind und wirklich sprechen müssen.

- Geben Sie positive Kommentare sowie.

- Geben Sie ihnen die Informationen, die sie benötigen könnten.

- Helfen Sie ihnen jedes Mal, wenn sie es brauchen. Erledigen Sie zum Beispiel die Hausaufgaben Ihres Partners.

- wann immer sie zusätzliche Stunden bei der Arbeit verbringen müssen.

10. Sagen Sie mit Ihren Handlungen „Ich liebe dich“.

Führen Sie für Ihren Partner kleine freundliche Handlungen durch, die ihn wissen lassen, dass Sie ihn wirklich lieben. Einige Ideen sind die Folgenden;

- Wärmen Sie ihr Auto an einem kalten Morgen.

- Kommen Sie mit einem Imbiss aus seinem Lieblingsrestaurant nach Hause.

- Wachen Sie fünfzehn Minuten vor dem Aufstehen auf, um sicherzustellen, dass das Frühstück fertig ist, wenn sie in die Küche geht.

- Wenn Sie einkaufen gehen, kaufen Sie ihm ein kleines Überraschungsgeschenk.

11. Setzen Sie sich als Paar Ziele.

Seien Sie ein Team, das danach strebt, eine Reihe von Zielen zu erreichen, die Sie sich gemeinsam gesetzt haben und die für Ihre Zukunft entscheidend sind. Wenn Sie gemeinsam Ziele festlegen, erreichen Sie Folgendes:

- Sie stellen sicher, dass Sie sich beide auf demselben Weg bewegen.

- Ihre Siege sind ihre Siege.

- Sie können als einer feiern, wann immer Sie ein Ziel erreichen.

Untersuchungen haben gezeigt, dass es einer der wichtigsten Aspekte von Freude und Glück ist, Ziele zu erreichen, die Sie als wichtig erachten. Folglich besteht einer der Aspekte einer glücklichen Beziehung darin, eine Reihe von Zielen zu verfolgen, die Sie als eine verwirklichen möchten.

12. Unterstützen Sie Ihren Partner.

Teams, die sich gegenseitig unterstützen, gedeihen für immer. Sie können Folgendes tun, um Ihren Partner zu unterstützen.

Geben Sie Ihrem Partner emotionale Unterstützung, indem Sie ihm zuhören, wenn er verärgert ist und sprechen muss.

Geben Sie häufig Komplimente und Lob. Es zeigt Ihrem Partner, wie sehr Sie sich interessieren.

Helfen Sie Ihrem Partner mit Ideen, die ihm die Arbeit erleichtern können. Männer lieben kluge

Frauen.

Helfen Sie Ihrem Partner bei der Hausarbeit, insbesondere wenn er zusätzliche Stunden bei der Arbeit aufwenden muss.

Beziehungsmuster

In einigen Fällen haben die Menschen das Gefühl, immer wieder dieselbe Beziehung zu haben. Dies könnte einfach daran liegen, dass Sie sich in einem Beziehungsmuster befinden, in dem Sie sich trotz der Tatsache, dass Sie möglicherweise mit völlig unterschiedlichen Menschen zusammen sind, die Beziehungsziele und Verhaltensweisen tendenziell identisch sind. Beziehungsmuster wiederholen immer wieder ähnliche Gewohnheiten mit neuen Menschen in unserem Leben.

Es kann bei jedem auftreten, egal ob romantische Partner oder vielleicht Freunde, Eltern oder Geschäftskollegen. Nachfolgend sind einige

Beziehungsmuster aufgeführt.

Diese Muster können sowohl schlecht als auch gut für uns sein und in romantischen Beziehungen, Freundschaften sowie Arbeitsbeziehungen auftreten. Unsere Beziehungsmuster bestimmen drei grundlegende Faktoren:

Wen wir auswählen; die Art von Person, mit der wir sinnvolle Beziehungen eingehen.

Wie wir mit ihnen umgehen; die Verhaltensweisen, die wir mit ihnen in der gesamten Beziehung verwenden.

Wie können sie uns behandeln? Was wir ihnen erlauben, zu sagen und mit uns zu tun, während sie in der Beziehung sind.

Möglicherweise denken Sie bereits an einige Muster in Ihrem Leben, nachdem Sie diese drei Ergebnisse durchgelesen haben. Nachdem ich in unserem Labor angefangen hatte, das Konzept der Beziehungsmuster zu untersuchen, stellte ich fest, dass es Ähnlichkeiten zwischen den Menschen gab. Damit Sie Ihre leichter identifizieren können, habe ich sie in fünf Archetypen unterteilt.

1. Die Pflegekraft

Wir spielen in das Beziehungsmuster der Bezugsperson hinein, wenn wir immer versuchen, die Person, mit der wir in einer Beziehung sind, zu pflegen oder vielleicht zu verbessern. Dies kann geschehen, ob die andere Person dies wünscht oder nicht. Möglicherweise möchten Sie sich um jemanden kümmern und ihn reparieren lassen, oder Sie pflegen weiterhin Partnerschaften oder schließen Freundschaften mit Menschen, die sich nicht ändern möchten, die Sie jedoch reparieren möchten.

Freundschaft;

Vielleicht möchten Sie Ihrem Freund wirklich helfen - Sie möchten ihn dazu inspirieren, den richtigen Job zu finden, den richtigen Partner zu finden oder seine Garderobe zu überarbeiten. Und du suchst dir immer wieder Freunde aus, auf die du aufpassen musst. Sie können sich als Retter für ihre Probleme sehen. Im Laufe der Zeit kann dies anstrengend und einseitig werden.

Romantisches Beispiel;

Hier wählen Sie Partner aus, die Sie ändern möchten. Sie könnten denken: „Wenn ich ihn / sie nur zusammenbringen könnte, wäre es viel besser für sie.“ Mit der Zeit könnte dies zu Ressentiments führen, insbesondere wenn sich Ihr Partner nicht ändern möchte oder schlimmer, sie ändern sich für dich und du willst noch mehr.

Professionelles Beispiel;

Hier haben Sie immer wieder denselben Chef oder Kollegen. In diesem Fall verlassen sie sich auf Ihre emotionale Unterstützung. Daher möchten sie sich ständig in Ihrem Büro informieren, werden bei der Arbeit überpersönlich und belasten Sie mit mehr als Ihrem gerechten Anteil, weil sie Sie „nur dieses eine Mal, ich schwöre“ brauchen.

2. Das Alpha

Alpha ist das entgegengesetzte Beziehungsmuster der Bezugsperson. Dies geschieht, wenn Sie der Verantwortliche sein möchten. Das Diktieren der Regeln und Gewohnheiten der Beziehung ist an der Tagesordnung und Sie mögen es nur, in Beziehungen zu sein, in denen Sie der Entscheidungsträger sein können.

3. Der Elternteil

Manchmal hast du das Gefühl, dass du deinen Partner erziehst. Sie könnten versehentlich in eine Eltern-Kind-Beziehung geraten. Älteste Kinder sind am anfälligsten, weil sie daran gewöhnt waren, eine größere Rolle als Erwachsene zu übernehmen, oder weil sie einen starken mütterlichen oder väterlichen Instinkt hatten. Es muss normalerweise nicht schlecht sein, aber es kann ein Muster sein, das wichtig ist, um es in sich selbst zu erkennen.

4. Der Co-Abhängige

Dieses Beziehungsmuster entsteht, wenn Sie und Ihr Partner sofort zu einer Einheit werden und beide einen Großteil Ihrer Individualität aufgeben. Es könnte gut sein, wenn Sie ein gesundes Unterstützungssystem für einander haben, aber es könnte schlecht sein, wenn Sie anfangen, alles zusammen zu machen, keine eigenen Freunde oder Aktivitäten mehr zu haben oder sich in Bezug auf soziale, emotionale und sogar psychologische Aspekte vollständig auf die andere Person verlassen Unterstützung.

5. Der Push-Pull

Es geschieht in sehr volatilen Beziehungen, die aus ständigem Auf und Ab, Auseinanderbrechen sowie Schminken bestehen. Hier ist, wie es geht; der eine meint, die Beziehung sei perfekt, der andere braucht etwas Platz. Die Raumsucher-Flocken, die den Nester anhaften lassen, können den Raumsucher dazu bringen, in die Berge zu rennen. Wir nennen das Push-Pull. In einigen Fällen könnten Sie der Puller sein; derjenige, der Platz braucht und sich zurückzieht. Oder besser noch der Drücker, der immer nach mehr Zeit, mehr Intimität und schnellerer Verbindung drängt. Sie können auch hin und her wechseln. Wenn Ihnen das bekannt vorkommt, haben Sie das Push-Pull-Muster. Ihre Trennung könnte hart sein, aber die Frage, die Sie sich stellen sollten, ist, ob Sie wirklich jemals wirklich getrennt sind?

Häufige Beziehungsfehler

Paula Pietromonaco von der University of Massachusetts weist in ihrer jüngsten Veröffentlichung mit Bert Uchino und Christine Dunkel-Schetter (2013) darauf hin, dass die Forschung auf dem Gebiet der engen Beziehung und des Wohlbefindens aufgrund der engen Beziehungen auf dem Gebiet der Psychologie am schnellsten ist wichtig für die Gesundheit. Aufgrund der fortgesetzten Forschung mit erfolgreichen und erfolglosen Paaren ist es uns gelungen.

Identifizieren Sie häufige Beziehungsfehler oder -fehler. Wenn Sie Probleme früh genug erkennen, können Sie diese Herausforderungen meistern, bevor sie unüberwindliche Ausmaße annehmen.

1. Nehmen Sie Ihren Partner in einem ungesunden Ausmaß für selbstverständlich.

Wenn Beziehungen reifen, besteht eine hohe Tendenz zu der Annahme, dass es in Ordnung ist, kleine Dinge als selbstverständlich zu betrachten. Es könnte notwendig, normal, angemessen und sogar beziehungsaufbauend sein. Es tut jedoch nicht weh, darüber nachzudenken, wie das Leben ohne Ihren Partner aussehen würde.

Was würde das für Ihren Alltag, Ihr gesamtes Wohlbefinden und Ihr zukünftiges Glück bedeuten? In dem Moment, in dem Sie sich ein Bild von sich selbst ohne Ihren Partner vorstellen, kann dieses Bild Ihnen helfen, den zusätzlichen Schritt zu tun, um die Zuneigung, das Interesse und die Besorgnis Ihres Partners zu demonstrieren.

Es ist sehr einfach, die Personen zu entlassen, denen Sie am nächsten stehen, da Sie erwarten, dass sie immer da sind, egal was passiert. Wenn Sie dies tun, neigen sie möglicherweise sehr gut zu Menschen, die ihnen die Aufmerksamkeit schenken, die Sie ihnen nicht schenken.

2. Lassen Sie die Grenzen um Ihre Beziehung herum gleiten.

In jeder Beziehung muss es Geheimnisse geben. Es ist nicht einfach, andere in Ihre private Welt einzulassen, auch wenn es vollkommen harmlos erscheint. Es kann das Vertrauen Ihres Partners in Sie und Ihre Beziehung untergraben. Wenn Ihr Partner es herausfindet, wird er sich betrogen oder sogar gedemütigt fühlen.

Nehmen wir zum Beispiel an, Sie sagen einer Verwandten, dass Ihr Partner sich nicht um ihren Chef kümmert. Angenommen, es ist unwahr-scheinlich, dass sich Ihr Verwandter und der Chef Ihres Partners jemals treffen. Aber es gibt immer eine Wahrscheinlichkeit, dass sie sich treffen. Überlegen Sie sich außerdem, was passiert, wenn Ihr Verwandter vergisst, dass es geheim war, und erwähnen Sie es im Gespräch?

Oder, selbst im schlimmsten Fall, wenn das Geheimnis durch das Oversharing einer Person in den sozialen Medien aufgedeckt wird? Es wird klar sein, dass Sie die Quelle der Informationen waren. Sie wird vielleicht nie erfahren, dass Sie sich anstrengen, aber die Tatsache, dass Sie dies getan haben, kann Ihre Beziehung in Gefahr bringen. Trotzdem kann es sein, dass Sie sich Sorgen machen, dass der Mund geöffnet wird und Sie sich im Laufe der Zeit schuldig und ängstlich fühlen. Dies sind Gefühle, die im Laufe der Zeit beunruhigend und problematisch werden können.

3. Nehmen Sie Ihren Partner zu wenig für selbstverständlich.

Es ist nie eine gute Idee, Ihren Partner zu ignorieren, aber es ist auch nicht produktiv für die Beziehung, wenn Sie sich ständig darum sorgen, ob sich Ihr Partner wirklich um Sie kümmert. Menschen, die ängstlich verbunden sind, werden so anhänglich und abhängig, dass sie ihre Partner aufgrund ihres übermäßigen Bedürfnisses nach Zuneigung und Beruhigung, insbesondere bei den jüngeren Generationen, wegschicken können.

Wenn Paare sich gegenseitig verpflichten, sollte es nicht erforderlich sein, dass sich die eine

Person immer wieder fragt und fragt, ob sich die andere wirklich interessiert. Auch wenn Sie die Bereitschaftsstufe noch nicht erreicht haben, sollten Sie anhand von „Verhaltensdaten“ feststellen können, ob er oder sie sich wirklich um Sie kümmert.

Zu solchen Daten kann gehören, dass Sie nicht vergessen, Sie anzurufen oder eine SMS zu schicken, höflich zu sein und Ihnen einen Gefallen zu tun sowie nett zu den Menschen zu sein, die Ihnen wichtig sind. Abgesehen von diesen Anzeichen kann es durchaus auch andere geben, die für Ihre Beziehung spezifisch sind. Wenn Sie dies sorgfältig bemerken, geben Sie an, wie sehr er oder sie sich um Sie kümmert. Vermeiden Sie es, am Engagement Ihres Partners zu zweifeln.

4. Beschwerden über Ihren Partner an alle außer an Ihren Partner.

Es gibt verschiedene Möglichkeiten, um unsere langjährigen Partner wiederzubeleben. Anstatt Ihren Partner zu informieren, könnten Sie jedoch fälschlicherweise Ihr Unglück mit einer anderen Person teilen. Abgesehen davon, dass Geheimnisse in den Beziehungen preisgegeben werden (Punkt 3. oben), könnten solche Tendenzen unabhängig voneinander kontraproduktiv werden. Wenn Sie Ihrem Partner nicht direkt mitteilen, was Sie stört, kann Ihr Partner nicht vorhersagen, dass Sie einige Änderungen an seinem Verhalten sehen möchten.

In der Tat wird es für Sie schwieriger, das Gute in den Handlungen Ihres Partners zu sehen, wenn Sie sich ständig auf das konzentrieren, was Sie stört. Die negativen Vorstellungen über die geringfügigen Störungen Ihres Partners können mit der Zeit an Dynamik gewinnen und Sie in kurzer Zeit sogar daran hindern, die anderen bewundernswerten und liebenswerten Eigenschaften Ihres Partners zu sehen, die Sie zusammengebracht haben.

5. Schalten Sie den passiv-aggressiven Schalter ein.

Es gibt tatsächlich unzählige Methoden, um in einer intimen Beziehung passiv-aggressiv zu sein. Angefangen vom „Vergessen“, etwas zu tun, was Sie lieber nicht möchten, um einen Vorschlag anzunehmen, dem Sie niemals folgen... die Liste ist praktisch unendlich. Möglicherweise denken Sie, es ist besser, keine Einwände gegen eine Anfrage zu erheben oder sich möglicherweise von etwas zu unterscheiden, das Ihr Partner sagt. Wenn Sie Ihrem Begleiter jedoch nicht erlauben, zu verstehen, wie Sie sich tatsächlich fühlen, befinden Sie sich auf einem Kommunikationsweg.

Nicht jedes passiv-aggressive Verhalten ist jedoch bewusst. Das Vergessen, Ihrem Ehepartner einen Gefallen zu tun. Zum Beispiel den Wecker für das Schlafzimmer rechtzeitig für einen Termin am frühen Morgen zu stellen, könnte möglicherweise darauf zurückzuführen sein, dass Sie lieber ausschlafen, als im Morgengrauen aufstehen zu müssen. Dennoch könnte es bedeuten, dass Sie über den Grund verärgert sind, dass Ihr Partner aus dem Bett so früh gehen muss, auch wenn es bedeuet, dass er/sie einen frühen Flug zu erwischen muss oder sogar die Kinder der Ex zur Kindertagesstätte mitzunehmen.

Wenn Sie sich auf ein solches Verhalten einlassen und es für Sie nicht typisch ist (d. h. Wenn Sie normalerweise sehr gut organisiert sind), können Sie sich etwas Zeit nehmen, um darüber nachzudenken, was Sie wirklich stört, und offen mit Ihrem Partner darüber sprechen. Andere häufige Fehler sind:

Ihren Partner nicht ernst genug nehmen, Ihren Partner aufgeben und sich hoffnungslos fühlen.

Es gibt viele Faktoren, die zum Aufbau langfristiger Beziehungen beitragen, um sicherzustellen, dass sie langfristig bleiben. Das Vermeiden dieser häufigen Fehler ist eine großartige Möglichkeit, um Ihre Gesundheit über Jahre hinweg aufrechtzuerhalten.

Ratschläge für diejenigen, die gerade eine Beziehung beginnen

Eine Beziehung zu beginnen ist ein sehr guter Schritt in Richtung Verantwortung, und es ist nicht so einfach, wie Sie es sich vorgestellt haben - aufregend und dennoch erschreckend. Es müssen viele Anpassungen in Ihrem Leben vorgenommen werden, insbesondere wenn Sie lange Zeit Single waren oder wenn Sie zum ersten Mal eine romantische Beziehung eingegangen sind.

Es gibt jedoch keine Herausforderung ohne eine Lösung. Seien Sie zunächst stolz auf sich selbst, wenn Sie den Mut aufbringen, diese Person in Ihrem Leben willkommen zu heißen. Damit sich

Ihre Reise als Paar lohnt und lebendig bleibt, sollten Sie einige Dinge beachten. Hier sind ein paar Ratschläge und Tipps für neue Paare wie Sie;

1. Nehmen Sie die Dinge langsam.

Wir alle wissen, dass es schwer ist, die Aufregung zu halten, wenn Sie nur sich selbst in eine neue Beziehung begangen haben, ist es auch wichtig, dass Sie nehmen die Dinge langsam wie frische Blätter auf den Bäumen wachsen. Es gibt immer einen perfekten Zeitpunkt für alles. Daher ist es in dieser Phase sehr wichtig, sich die Zeit zu nehmen, um Ihren Partner näher kennenzulernen. Genießen Sie auch die Gesellschaft des anderen. Es ist kein Problem, die Beziehung auf die nächste Ebene zu heben, wenn Sie noch viel voneinander zu entdecken haben. Genießen Sie also die ersten Phasen der Beziehung.

2. Beeile dich nicht, zusammen zu schlafen.

Wenn Sie davon sprechen, langsam zu sein, werden Sie wahrscheinlich nicht zu verzweifelt sein müssen, um zusammen ins Bett zu gehen. Einige Menschen würden darauf bestehen, dass es in einer Beziehung sehr wichtig ist, sowohl sexuell aktiv als auch sexuell verträglich zu sein, und sie haben Recht.

Beachten Sie jedoch, dass dies mit einer enormen Verantwortung verbunden ist. Anstatt wild und sogar impulsiv zu sein, sollten Sie sich bemühen, das Problem mit Ihrem Partner zu besprechen. Paare sollten unabhängig von den Konsequenzen ihres Handelns vorbereitet sein.

Sie sollten beide reif genug sein, wenn Sie sich mit solchen Dingen beschäftigen. Darüber hinaus ist es möglich, das derzeitige Maß an Intimität aufrechtzuerhalten, ohne sofort Sex zu haben.

3. Stellen Sie Ihre Erwartungen ein.

Nachdem Sie die Beziehung gerade erst begonnen haben, ist es wichtig, dass Sie Ihre Erwartungen festlegen. Was genau erwarten Sie von dieser Beziehung? Was genau erwarten Sie von Ihrem Partner? Was sind deine Vorlieben? Was wünschen Sie sich, aber nicht, dass Ihr Partner es tut? Ermöglichen Sie Ihrem Partner, sich Ihrer Erwartungen bewusst zu werden, sodass Sie bestimmte Kompromisse sofort besprechen können.

Außerdem ist es für Sie beide einfacher, sich aufeinander einzustellen, wenn Sie sich dieser Erwartungen bewusst sind.

4. Vergleiche niemals.

Manchmal können Sie nicht anders, als Ihren derzeitigen Partner mit Ihrem Ex-Partner zu vergleichen. Dennoch ist dies wahrscheinlich die wichtigste Beziehung, die es nicht gibt.

Verstehe, dass dein Partner eine andere Person ist. Er / sie ist dein Geschenk, also lebe in der Gegenwart. Versuchen Sie nicht weiter, die Qualitäten Ihres Ex bei Ihrem neuen Partner zu finden. Wenn nicht, hätten Sie einfach bei Ihrem Ex bleiben oder sich keiner neuen Beziehung widmen sollen.

5. Kommunikation ist von grundlegender Bedeutung.

Der effektivste Weg, eine starke Beziehung aufzubauen, ist immer die Aufrechterhaltung einer offenen Kommunikation. Lassen Sie es sich als junges Paar zur Gewohnheit machen, sich immer Ihrem Partner zu öffnen. Wenn Sie bemerkt haben, dass Ihr Partner Dinge tut, die Sie nicht mögen, dann erzählen Sie ihnen davon. Wenn sich Ihr Partner unwohl fühlt, lassen Sie ihn verstehen, wie Sie sich fühlen.

Falls bestimmte Einschränkungen zu beachten sind, sollte Ihr Partner dies berücksichtigen. Offenzubleiben wird sicherlich nicht nur Probleme sofort beheben, sondern auch mögliche Probleme in der Beziehung ansprechen.

6. Kontinuierlich voneinander lernen.

Allein die Tatsache, dass Sie jetzt Partner sind, ermöglicht es Ihnen, den gegenseitigen Beitrag zur Beziehung zu würdigen. Hören Sie immer zu und lernen Sie voneinander. Ihr Partner hat möglicherweise andere Ansichten als Sie. Nehmen Sie sich in diesem Fall die Zeit, um seine oder ihre Gedanken zu hören.

Respektieren Sie die Grundsätze Ihres Partners im Leben und lernen Sie aus den Erfahrungen des anderen. Denken Sie daran, dass eine gute Beziehung wechselseitig sein muss. Lassen Sie daher die Beziehung wachsen, indem Sie voneinander lernen.

7. Akzeptieren Sie die Mängel des jeweils anderen.

Was Sie zu Ihrem Partner hingezogen hat, lässt Sie dessen Mängel akzeptieren. Deshalb haben Sie ihm oder ihr erlaubt, Teil Ihres Lebens zu werden. Verstehen Sie jedoch, dass Sie keine Beziehung zu einer perfekten Person haben. Keiner von Ihnen ist perfekt. Erwarten Sie also, dass Sie Zeuge der Fehler Ihres Partners werden. Akzeptieren Sie die Mängel des jeweils anderen.

Verstehe, was für deinen Partner am besten ist,

aber versuche niemals, deinen Partner zu wechseln. Ihr Partner sollte in der Lage sein, seine oder ihre Individualität zu bewahren, obwohl er oder sie jetzt bei Ihnen ist.

8. Vergiss deine Freunde nicht.

Die Tatsache, dass Sie bereits jemanden gefunden haben, den Sie als Partner anrufen können, bedeutet nicht, dass Sie Ihre Freunde vergessen werden. Sie können Ihre Zeit teilen, um beide zu befriedigen. Es ist auch wichtig, Ihren Partner Ihren Freunden vorzustellen, um sicherzustellen, dass Sie Ihr soziales Leben und Ihre Beziehung aufrechterhalten.

Manchmal spielen Ihre Freunde eine große Rolle

in Ihrer Liebesgeschichte. Schätzen Sie deshalb Ihre Freunde und schätzen Sie sie. Ihre Freunde sind immer da, besonders wenn Sie Probleme mit Ihrem Partner haben.

9. Werte und lerne aus deinen Kämpfen.

Glückliche Momente dauern in der Regel nicht ewig, Sie haben Kämpfe und Missverständnisse bis zu dem Ausmaß, in dem Sie manchmal sogar weinen. Denken Sie jedoch daran, dass uns schwierige Zeiten bessere Methoden zur Bewältigung von Herausforderungen vermitteln. Egal wie klein diese Kämpfe auch sein mögen, es wird einen langen Weg gehen, um das Fundament Ihrer Beziehung tatsächlich zu stärken. Wenn Sie also mit Ihrem Partner streiten, denken Sie nicht daran, sich zu trennen.

Lernen Sie stattdessen aus dem Argument. Beachten Sie die Dinge, die Ihren Partner verrückt machen, und versuchen Sie so viel wie möglich, um sie zu vermeiden. Eine wichtige Lektion ist immer, sicherzustellen, dass Sie die Dinge mit Ihrem Partner regeln, bevor Sie morgens Ihr Schlafzimmer verlassen und schlafen gehen.

10. Seien Sie geduldig miteinander.

Geduld, sagen sie, ist ein bitterer Baum, der süße Früchte trägt. Möglicherweise haben Sie angefangen, Dinge zu bemerken, die Sie an Ihrem Partner nicht mögen, aber Sie müssen geduldig sein. Es muss für ihn oder sie nicht einfach gewesen sein, sich nach einer langen Beziehung endgültig für eine Beziehung zu entscheiden. Sie müssen das Glück haben, der Grund zu sein, warum sich Ihr Partner wieder verliebt hat.

Versuchen Sie so gut wie möglich zu verstehen, woher Ihr Partner kommt, und stellen Sie das Support-System dar, das er benötigt. Versuchen Sie auch, Sie selbst zu sein, die kleinen Dinge zu bemerken, die Ihren Partner glücklich machen, und probieren Sie immer neue Dinge zusammen aus. Liebe ist eine schöne Sache, die sehr schwer zu finden ist, wenn Sie sie eifersüchtig bewachen und beschützen.

Verbessern Sie Ihr Sexualleben heute.

Sex ist ein sehr wichtiger Aspekt von Beziehungen und Ehen. Es ist wichtig, zu lernen, wie man mit seinem Partner ein unterhaltsames Sexleben führt. Auch wenn Probleme und Schwierigkeiten in Beziehungen auftreten müssen, gibt es so viele Dinge, die Sie tun können, um Ihr Sexualleben wieder in Schwung zu bringen.

Ihr sexuelles Wohlbefinden geht Hand in Hand mit Ihrer allgemeinen geistigen, körperlichen und emotionalen Gesundheit. Die richtige Kommunikation mit Ihrem Partner, die Aufrechterhaltung eines gesunden Lebensstils, der Einsatz einiger der vielen hervorragenden Selbsthilfematerialien auf dem Markt und auch nur der Spaß können Ihnen helfen, schwierige Zeiten zu meistern.

Sex

Sex ist Liebe in Aufregung, Zärtlichkeit gegenüber Sehnsucht und Angst. Die Reaktionen sind so unterschiedlich wie die sexuellen Erfahrungen an sich. Darüber hinaus werden viele Menschen im Verlauf eines Sexuallebens, das sich über mehrere Jahrzehnte erstreckt, all diesen und vielen anderen Emotionen begegnen.

Aber was ist eigentlich Sex?

Sex ist nur eine weitere hormongesteuerte Körperfunktion, mit der die Spezies verewigt werden soll. Natürlich unterschätzt die enge Sichtweise die Komplexität der menschlichen sexuellen Reaktion. Neben den biochemischen Kräften, die hier wirken, prägen Ihre Erfahrungen und Erwartungen die Begegnung.

Wenn Sie sich als sexuelles Wesen verstehen, sind Ihre Gedanken darüber, was eine befriedigende sexuelle Verbindung ausmacht, und Ihre Beziehung zu Ihrem Partner Schlüsselfaktoren für Ihre Fähigkeit, ein erfülltes und lang anhaltendes Sexualleben zu entwickeln und aufrechtzuerhalten. Hier sind ein paar Tricks, wie Sie tatsächlich ein erfüllendes Sexleben führen können.

Mit deinem Partner sprechen

Eine gute Anzahl von Paaren findet es schwierig, über Sex zu sprechen, selbst unter den angemessensten Umständen. Dies kann zu sexuellen Problemen führen, d.h. zu Verletzungsgefühlen, Schamgefühlen, Schuldgefühlen und Ressentiments, die das Gespräch unterbrechen. Gute Kommunikation ist ein Eckpfeiler einer gesunden Beziehung.

Ein Dialog ist in der Regel der erste Schritt zu einem besseren Sexualleben und einer engeren emotionalen Bindung. Hier finden Sie einige Tipps zur Behebung dieses heiklen Problems.

1. Finden Sie den richtigen Zeitpunkt zum Reden.

Es gibt zwei Arten von sexuellen Gesprächen: Gespräche im Schlafzimmer und Gespräche außerhalb des Schlafzimmers. Es ist angebracht, Ihrem Partner mitzuteilen, was sich in der Mitte des Liebesspiels gut anfühlt, aber es ist am besten, wenn Sie später über größere Probleme wie Probleme mit dem Orgasmus oder ein nicht übereinstimmendes sexuelles Verlangen sprechen.

2. Vermeiden Sie es zu kritisieren.

Sagen Sie Ihrem Partner, was Sie am meisten bewegt: „Ich liebe es wirklich, wenn Sie meine Haare auf diese Weise leicht berühren", anstatt Zeit mit negativen Dingen zu verschwenden. Gehen Sie jedes sexuelle Problem als ein Problem an, das gemeinsam gelöst werden muss, und nicht als Übung bei der Zuweisung von Schuld.

Vertrauen Sie Ihrem Partner, wenn Sie Veränderungen in Ihrem Körper bemerken. Wenn

Hitzewallungen Sie spät in der Nacht wach halten oder die Menopause Ihre Vagina trocken gemacht hat, sprechen Sie mit Ihrem Partner über diese Veränderungen. Es ist viel besser, als dass er weiß, was wirklich vor sich geht, als solche physischen Veränderungen aus seiner eigenen Perspektive zu interpretieren.

Gleiches gilt für den Mann, zum Beispiel, wenn Sie nicht mehr nur durch den Gedanken an Sex eine Erektion bekommen, zeigen Sie Ihrer Partnerin, wie sie Sie stimulieren kann, anstatt sie glauben zu lassen, dass sie nicht attraktiv genug ist, um Sie zu erregen.

3. Sei ehrlich und verspielt.

Sie glauben vielleicht, dass Sie die Gefühle Ihres Partners schützen, indem Sie einen Orgasmus vortäuschen, aber in Wirklichkeit verursachen Sie weitere zukünftige Probleme. Es ist eine Herausforderung, über sexuelle Probleme zu sprechen. Der Schwierigkeitsgrad steigt sprunghaft, wenn das Problem unter jahrelangen Lügen, Verletzungen und Ressentiments begraben ist. Es könnte eines Tages im Schummeln wieder auftauchen.

Stecken Sie Liebesbriefe in die Tasche Ihres Partners, um sie später zu entdecken. Gemeinsam baden. Die warme, gemütliche Aufregung, die Sie haben, wenn Sie aus dem Wasser steigen, kann eine große Anregung für Sex sein. Machen Sie Witze und kitzeln Sie auch Ihren Partner.

4. Liebe nicht mit sexueller Leistung gleichsetzen

Es ist auch wichtig, eine Atmosphäre der Sorgfalt und Zärtlichkeit zu schaffen, in der häufig Berührungen und Küsse vorkommen. Vermeiden Sie es, sich selbst oder Ihrem Partner die Schuld für Ihre sexuellen Schwierigkeiten zu geben. Konzentrieren Sie sich mehr auf die Aufrechterhaltung der emotionalen und körperlichen Intimität in Ihrer Beziehung.

Für ältere Paare ist ein weiteres potenziell sensibles Thema, das es wert ist, erörtert zu werden, was passiert, wenn ein Partner stirbt. Bei Paaren, die ein gesundes Sexualleben führen, wird der überlebende Partner wahr-

scheinlich einen neuen Partner suchen.
Ihre Offenheit für diese Möglichkeit auszudrücken, während Sie beide noch am Leben sind, wird wahrscheinlich die Schuld lindern und den Prozess für den überlebenden Partner später weniger schwierig machen, da es für ihn schwierig sein wird, ohne Sie weiterzumachen.

5. Selbsthilfestrategien anwenden

Es ist einfacher als je zuvor, sexuelle Probleme zu behandeln. Revolutionäre Medikamente und professionelle Sexualtherapeuten sind immer verfügbar, wenn Sie sie brauchen. Möglicherweise können Sie kleinere sexuelle Probleme lösen, indem Sie ein paar Anpassungen an Ihrem Liebesstil vornehmen. Hier sind einige Dinge, die Sie zu Hause individuell ausprobieren können.

Mehr erfahren

Für jede Form von sexuellem Problem steht eine Menge anständiges Selbsthilfematerial zur Verfügung. Durchsuchen Sie das Internet oder Ihren lokalen Buchladen, wählen Sie einige Ressourcen aus, die für Sie zutreffen, und nutzen Sie sie, um Sie, einschließlich Ihres Partners, dabei zu unterstützen, das Problem besser kennenzulernen. Wenn es zu schwierig ist, direkt zu sprechen, können Sie und Ihr Partner Passagen unterstreichen, die Sie besonders mögen, und sie sich gegenseitig zeigen.

Datenschutzfragen und Internetnutzung

Das Internet ist eine wichtige Quelle für eine Vielzahl unterschiedlicher Informationen, z. B. für Veröffentlichungen sowie für andere Produkte (z. B. Sexspielzeuge), die Ihr Sexualleben verbessern können. Verwenden Sie niemals Ihren Bürocomputer, um diese Suchvorgänge durchzuführen, auch wenn dies offensichtlich sein könnte, um eine mögliche Verlegenheit gegenüber Ihrem Arbeitgeber zu vermeiden, der wahrscheinlich in der Lage ist, Ihren Suchverlauf zu verfolgen.

Diejenigen, die sich sogar Gedanken darüber machen, mit ihrem Heim-PC und ihrer Kreditkarte sexuelle Informationen oder sogar Produkte im Internet zu kaufen, könnten ein Geschäft in der Nähe (insbesondere in größeren Städten) aufsuchen und mit Bargeld bezahlen.

Gönnen Sie sich wertvolle Zeit.

Mit zunehmendem Alter nehmen Ihre sexuellen Reaktionen ab. Sie und Ihr Partner können Ihre Erfolgschancen steigern, indem Sie ein friedliches, komfortables und unterbrechungsfreies Umfeld für Liebesbeziehungen schaffen. Beachten Sie außerdem, dass die physischen Veränderungen in Ihrem Körper bedeuten, dass Sie eine längere Zeit benötigen, um erregt zu werden und zum Orgasmus zu gelangen.

Wenn Sie darüber nachdenken, ist es keine schlechte Idee, mehr Zeit mit Sex zu verbringen. Das Einarbeiten dieser physischen Notwendigkeiten in Ihren Liebesplan aktiviert Einträge für eine andere Art von sexueller Erfahrung.

Schmierung auftragen

Im Allgemeinen kann die vaginale Trockenheit, die in der Perimenopause beginnt, sehr leicht mit Schmierflüssigkeiten und -gelen behoben werden. Wenden Sie diese frei an, um schmerzhaften Sex zu verhindern, ein Zustand, der zu nachlassender Libido und wachsenden Spannungen in der Beziehung führen kann.

Wenn Schmiermittel nicht mehr funktionieren, erkundigen Sie sich bei einem medizinischen Experten nach anderen Möglichkeiten.

Körperliche Zuneigung bewahren.

Unabhängig von der Tatsache, dass Sie müde, angespannt oder verärgert sind, ist es wichtig, sich zu küssen und auch zu kuscheln, um eine emotionale und körperliche Verbindung aufrechtzuerhalten.

Übe das Berühren.

Die Techniken der sinnlichen Konzentration, die Sexualtherapeuten anwenden, helfen Ihnen dabei, die körperliche Intimität wiederherzustellen, ohne sich unter Druck zu setzen. Zahlreiche Selbsthilfepublikationen sowie Lehrvideos bieten Ihnen Variationen dieser Aktivitäten.

Möglicherweise müssen Sie Ihren Partner sogar bitten, Sie so zu berühren, dass er gerne berührt würde. Dies wird wahrscheinlich sicherstellen, dass Sie ein viel besseres Gefühl dafür bekommen, wie viel Druck, von sanft bis fest, Sie verwenden können.

Probieren Sie verschiedene Positionen aus.

Das Hinzufügen verschiedener sexueller Positionen erhöht nicht nur das Interesse am Liebesspiel, sondern kann auch dazu beitragen, eine Vielzahl von sexuellen Problemen zu überwinden. Beispielsweise kann eine verstärkte Stimulation des G-Punkts, die auftritt, wenn ein Mann seinen Partner von hinten betritt, der Frau helfen, einen Orgasmus zu erreichen.

Der G-Punkt

G-Punkt oder Grafenberg-Punkt, benannt nach dem Gynäkologen, der ihn zuerst identifiziert hat, ist ein Hügel aus supersensitivem schwammartigem Gewebe, der sich in der oberen Kammer der Vagina befindet, genau im Eingangsbereich. Die richtige Stimulation des G-Punktes führt zu einem intensiven Orgasmus.

Aufgrund der Tatsache, dass es sich an einer schwer erreichbaren Stelle befindet und am erfolgreichsten manuell stimuliert wird, wird der G-Punkt für die Mehrheit der Frauen beim Geschlechtsverkehr nicht routinemäßig aktiviert. Während dies einige Skeptiker an seiner Existenz zweifeln ließ, haben Forschungen gezeigt, dass an diesem Ort eine andere Art von Gewebe existiert.

Um Ihren G-Punkt zu finden, müssen Sie sexuell erregt sein. Reiben Sie Ihren Finger in einer winkenden Bewegung über das Dach Ihrer Vagina, während Sie sich in einer hockenden oder sitzenden Position befinden, oder lassen Sie Ihren Partner die Oberseite Ihrer Vagina massieren, bis Sie eine besonders empfindliche Stelle fühlen.

Einige Frauen sind sensibler und können die Stelle leicht finden, andere dagegen haben Schwierigkeiten und brauchen länger.

Falls Sie es nicht leicht finden können, sollten Sie nicht gestört werden. Viele Frauen glauben, dass der G-Punkt am meisten stimuliert werden kann, wenn der Mann von hinten eintritt. Für Paare mit Erektionsproblemen kann das Spielen mit dem G-Punkt eine positive Ergänzung zum Liebesspiel sein.

Durch die Kombination einer oralen Stimulation der Klitoris mit einer manuellen Stimulation des G-Punkts kann eine Frau einen sehr intensiven Orgasmus bekommen.

Schreiben Sie Ihre Fantasien auf.

Wenn Sie Ihre Fantasien aufschreiben, können Sie mögliche Aktivitäten untersuchen, von denen Sie glauben, dass sie für Sie oder Ihren Partner aufregend sind. Denken Sie an ein Erlebnis oder einen Film, der Sie erregt hat, und teilen Sie diese Erinnerung dann mit Ihrem Partner. Dies ist sehr hilfreich für Menschen mit geringem sexuellen Verlangen.

Suchen Sie auch online nach weiteren Fragen und Lösungen. Frauen zu Hause können Vaginalgewichte verwenden, um den Muskelwiderstand zu erhöhen. Suchen Sie Ihren Arzt oder einen Sexualtherapeuten auf, um zu erfahren, woher diese stammen und wie sie angewendet werden. Es ist auch ratsam, vor dem Sex etwas Romantisches zu tun, z. B. ein Videospiel zu spielen oder ein gutes Abendessen zu sich zu nehmen, oder Entspannungstechniken wie Atemübungen oder besser noch Yoga auszuprobieren.

Eine andere Methode ist die Verwendung eines Vibrators. Das Gerät kann einer Frau helfen, etwas über ihre eigene sexuelle Reaktion zu lernen, und sie kann ihrer Partnerin zeigen, was sie besser mag.

Gib nicht auf.

Manchmal scheint keine Ihrer Bemühungen zu wirken, aber das bedeutet nicht, dass Sie aufgeben sollten. Besuchen Sie einen Spezialisten, weil er die Ursache Ihres sexuellen Problems ermitteln und möglicherweise dauerhafte Lösungen finden kann.

Er oder sie kann Sie auch mit einem Sexualtherapeuten in Verbindung bringen, der Ihnen dabei helfen kann, andere Optionen zu erkunden, die der Erfüllung des Sexuallebens im Wege stehen. Versuchen Sie auch, Ihre Gesundheit zu erhalten.

Aufrechterhaltung der Gesundheit

Ihr Sexualleben geht Hand in Hand mit Ihrer allgemeinen geistigen, körperlichen und emotionalen Gesundheit. Daher beeinflussen dieselben gesunden Gewohnheiten, auf die Sie sich verlassen, um Ihren Körper in Form zu halten, auch Ihr Sexualleben.

Häufige Übung

Bewegung gehört in erster Linie zu den gesunden Verhaltensweisen, die Ihre sexuelle Leistungsfähigkeit verbessern. Da die körperliche Erregung in hohem Maße von einer guten Durchblutung abhängt, ist aerobes Training (das sowohl das Herz als auch die Blutgefäße stärkt) von entscheidender Bedeutung.

Zusätzlich zu dieser Übung gibt es eine Reihe weiterer gesundheitlicher Vorteile, die von der Abwehr von Herz-Kreislauf-Erkrankungen, Osteoporose sowie einigen Krebsarten bis hin zur Verbesserung Ihrer Stimmung und einer besseren Nachtruhe reichen. Vergessen Sie außerdem nicht, das Krafttraining hinzuzufügen.

Rauchen ist gefährlich

Tabakrauchen trägt zu peripheren Gefäßerkrankungen bei, die den Blutfluss zum Penis, zur Klitoris und auch zum Vaginalgewebe beeinträchtigen. Frauen, die rauchen, leiden wahrscheinlich 2 Jahre früher an den Wechseljahren als ihre Nichtraucherinnen. Wenn Sie Hilfe beim Aufhören benötigen, ziehen Sie Nikotinkaugummi oder vielleicht Patches in Betracht oder fragen Sie Ihren Arzt nach den Medikamenten Bupropion (Zyban) oder Vareniclin (Chantix).

Trinken Sie verantwortungsbewusst Alkohol.

Einige Männer mit erektiler Dysfunktion sind sich bewusst, dass ein einziger Drink zur Entspannung beitragen kann. Starker Alkoholkonsum kann die Situation jedoch verschlimmern. Alkohol kann sexuelle Reflexe verlangsamen, indem er das Zentralnervensystem trübt.

Wenn Sie über einen längeren Zeitraum große Mengen zu sich nehmen, kann dies die Leber zerstören und die Östrogenproduktion bei Männern erhöhen. Bei Frauen kann Alkohol Hitzewallungen auslösen und den Schlaf unterbrechen, was zu Komplikationen führt, die bereits in den Wechseljahren auftreten.

Richtige Ernährung

Übermäßiger Genuss von fetthaltigen Lebensmitteln trägt zu einem hohen Cholesterinspiegel im Blut sowie zu Fettleibigkeit bei, die beide Hauptrisikofaktoren für Herz-Kreislauf-Erkrankungen sind. Darüber hinaus kann Fettleibigkeit neben einem schlechten Körperbild die Erschöpfung fördern. Erhöhte Libido ist in der Regel ein zusätzlicher Vorteil der Verbrennung dieser zusätzlichen Pfunde.

Sei romantisch.

Vielleicht hatten Sie noch nie Geschlechtsverkehr auf dem Wohnzimmerteppich oder an einem geschützten Ort im Wald. Jetzt könnten Sie es versuchen. Oder erwägen Sie einfach, erotische Bücher und Filme zu erkunden. Manchmal fühlt man sich einfach nur munter, wenn man sich einen X-bewerteten Film ausleiht.

Sei sinnlich

Bilden Sie eine Atmosphäre zum Liebesspiel, die alle fünf Sinne anspricht. Konzentrieren Sie sich auf das Gefühl von Seide an Ihrem Körper, den Beat eines Jazz-Songs, den parfümierten Duft von Blumen im Schlafzimmer, die sanfte Aufmerksamkeit des Kerzenlichts sowie den Geschmack von reifen, saftigen Früchten. Nutzen Sie dieses zusätzliche sinnliche Wissen, um mit Ihrem Partner zu lieben.

Anders denken.

Erweitern Sie Ihr sexuelles Repertoire und ändern Sie auch Ihr Programm. Wenn Sie beispielsweise daran gewöhnt sind, am Samstagabend zu schlafen, sollten Sie sich lieber für den frühen Sonntagmorgen entscheiden. Probieren Sie innovative Positionen und Aktivitäten aus. Probieren Sie Sexspielzeug und sexy Unterwäsche für diejenigen, die es noch nie zuvor versucht haben.

Sei atmosphärisch

Lesen Sie Ihrem Partner Gedichte unter einem Baum auf einem Hügel vor. Überraschen Sie Ihren Partner mit Blumen, wenn es sich nicht um ein bestimmtes Ereignis handelt. Programmiere einen Tag, an dem du nur im Bett liegst, redest und intim bist.

Das wichtigste Werkzeug, das Sie zur Verfügung haben, ist Ihre Einstellung zur Sexualität. Mit guten Informationen und einer positiven Einstellung sollten Sie in der Lage sein, ein gesundes Sexualleben für lange Zeit aufrechtzuerhalten.

So bekommen Sie Ihren Ex dauerhaft zurück

Wann immer Sie daran denken, Ihren Ex zurückzugewinnen, fragen Sie sich, ob das eigentliche Problem darin besteht, ihn zurückzugewinnen, oder ob Sie ihn wirklich zurückgewinnen und behalten möchten. Es ist nicht ganz einfach, dein Ex zurückzubekommen, weil etwas passiert ist, was sie dir hinterlassen haben.

Sie müssen dies in der ersten akzeptieren, wenn Sie sie dieses Mal wirklich dauerhaft behalten möchten. Wenn Sie dies endlich tun, setzen Sie sich dafür ein, dass diesmal alles funktioniert. Menschen werden nach der Trennung verletzt. Sie werden emotional ausgelaugt und vor allem verwirrt. Dies ist der höchste Zustand der Verwirrung, der, wenn er nicht richtig gehandhabt wird, alle Pläne zur Wiedervereinigung zunichtemacht.

Es ist wichtig, einen fokussierten Plan zu haben, der Sie dabei unterstützt, Ihren Ex zurückzugewinnen. Hier ist ein perfekter Plan, um Ihren Ex dauerhaft zurückzugewinnen.

1. Vermeiden Sie es, Ihre Chancen zu vermasseln

Die meisten Autoren bezeichnen diesen Ausgangspunkt als „Instinkte“, da fast alle Handlungen auf Instinkten wie Bedürftigkeit, Unsicherheit und Verzweiflung beruhen.

Vermeiden Sie es, Ihrem Ex eine SMS zu schreiben oder ihn anzurufen, wenn Sie Schluss machen. Viele Leute fallen in diese Falle und sagen: „Ich rufe an und sende eine SMS, aber er antwortet nicht.“. Ungefähr 80% der Menschen geraten in diese Falle und glauben, dass dies ein Weg ist, die Flammen am Brennen zu halten, und dass er / sie irgendwann wiederkommt. Nun, so funktioniert es nicht. Dies liegt daran, dass jedes Mal, wenn Sie dies tun, sie denken, dass Sie bedürftig sind und Ihr Leben ohne sie miserabel ist. Dies wird nur dazu beitragen, Ihre Ex weiter wegzuschieben. Vermeiden Sie auch zu trinken. Wenn Sie dies tun müssen, gehen Sie mit einem Freund aus, der Sie daran hindert, Ihren Ex anzurufen, da Sie ihn möglicherweise vergessen und anrufen.

Das solltest du lieber tun; Kontaktieren Sie sie so, dass sie sich wieder von Ihnen angezogen fühlen.

Denken Sie daran, dass Ihre Ex Sie als bedürftige, klammernde und verzweifelte Person mit wenig oder ohne Selbstachtung ansah, als sie Sie verließen. Da Sie eine Weile nicht in Kontakt waren, müssen sie sich fragen, was mit Ihnen passiert ist. Die bedürftige und verzweifelte

Person.

Langsam werden sie anfangen, Ihr anhängliches Bild (das bedürftige verzweifelte) zu vergessen und sich an die Dinge zu erinnern, die sie an Ihnen mochten, die glücklichen Momente, die Sie beide hatten. Sie werden sich an die Dinge erinnern, die sie zu Ihnen hingezogen haben, und das ist der perfekte Moment, um Kontakt aufzunehmen. Ich rate nachdrücklich, mindestens 30-40 Tage.

In diesem Moment vereinbaren Sie einen Termin, um sie zu treffen und ich wette, in dem Moment, in dem sie Ihre Augen auf Sie richten, werden sie nicht mehr loslassen wollen.

2. Betteln und versuchen, Mitleid zu gebrauchen

Betteln ist niemals eine Option, denn wenn Betteln nach einer Trennung funktioniert hat, wird sich niemand von Anfang an von irgendjemandem trennen. Wenn Sie betteln, erscheinen Sie vor Ihrem Ex einfach als schwach und unsicher.

In ähnlicher Weise werden Sie aufgrund Ihres Instinkts glauben, dass Sie, wenn Sie Ihrer Ex nur beweisen, dass Sie ohne sie nicht leben können, Sie zurückbringen, bis zu dem Gedanken „wenn nur er / sie weiß, dass ich nicht leben kann“ ohne ihn / sie werden sie mich zurücknehmen“,„ Wenn er nur weiß, dass ich mein Leben ohne ihn nicht fortsetzen kann, wird er mich in dieser Minute zurücknehmen “. Ihr Instinkt führt Sie in die Irre und Sie sollten auf keinen Fall darauf hereinfallen.

Die Realität ist, niemand nimmt seinen Ex aus Mitleid zurück. Niemand wird von jemandem angezogen, der unglücklich ist.

Und selbst wenn sie es tun, werden sie dich niemals so respektieren und lieben, wie sie es normalerweise tun würden.

Nehmen Sie sich Zeit, um an sich selbst zu arbeiten, neue Fähigkeiten zu entwickeln und Ihr Spiel zu verbessern, neue Leute kennenzulernen und Kontakte zu knüpfen. Jeder mag eine starke Frau. Wenn sie dich das nächste Mal treffen oder von einem Freund hören, wie schnell du ohne sie wächst, denken sie vielleicht, dass sie tatsächlich die Ursache für die Trennung waren, und beginnen nach Wegen zu suchen, zurückzukehren oder besser noch, deine Stärke zu bewundern.

3. Lass sie nicht über dich laufen

Wenn Sie sich trennen, haben Sie immer das Gefühl, die Ursache zu sein, und Ihr Instinkt sagt Ihnen, dass Sie wiederkommen, wenn Sie einfach alles akzeptieren, was Ihr Ex will. Und auch, dass Ihre Bedürfnisse, Ihre Werte, Ihre Wünsche und Ihre Ziele keine Rolle spielen. Sie können sogar denken, dass das Einzige, was zählt, ist, Ihre Ex zurückzubekommen. Und dafür kannst du alles opfern. Die Realität ist, dass die Dinge normalerweise nicht so funktionieren und jeder Mann, der dich liebt, an deine Träume glaubt und dir hilft, sie zu verwirklichen.

Wenn du deinen Ex über dich laufen lässt. Sie werden eine Fußmatte und Sie können mir zustimmen, dass Sie als Fußmatte in keiner Situation etwas zu sagen oder zu sehen haben und Sie am Ende den lächerlichsten Dingen zustimmen werden, die Ihr Ex verlangt. In diesem Fall bist du nicht weniger als in Geilheit, nicht in Liebe. Deine Träume und alles, was du für eine Beziehung schätzt, zu werfen, ist es nicht wert.

Sei du selbst und verfolge deine Träume weiter. Wenn sie sehen, wie wichtig diese Dinge für dich sind, wollen sie dir helfen und sie funktionieren lassen.

4. Vermeiden Sie es, sie mit unnötiger Zuneigung zu übertreiben

Ihre Instinkte werden Ihnen sagen, „wenn sie nur erkennen, wie sehr Sie sie lieben und wie sehr Sie sich um sie kümmern, werden sie zu Ihnen zurückkehren“ und dass Sie sie nur glauben lassen müssen, dass niemand auf der Welt sie jemals lieben wird, so wie du es tust und wie sehr du dich um sie sorgst und sie schätzt. Sie könnten sogar denken, sie könnten Sie nicht ablehnen, wenn sie die Wahrheit über Ihre Gefühle wüssten. Die Realität ist, dass sie bereits wissen, dass Sie sie lieben, wie sehr Sie sie lieben und wie sehr Sie sich um sie kümmern, bevor Sie sie mit Zuneigung überschütten.

Je mehr Sie dies zeigen, desto gefangener werden sie sich fühlen und Menschen hassen es, in Beziehungen gefangen zu sein. Diese Situation ist am häufigsten bei alleinerziehenden Müttern und Frauen, denen die Ehe versprochen wurde. Denken Sie daran, dass Sie ein wunderschönes Leben hatten, bevor Sie ihn / sie getroffen haben, und niemand kann Ihnen das nehmen.

Versuchen Sie, etwas anderes zu tun, versuchen, eine neue Frisur und ablenken, dass die Liebe zu Ihrem Kind oder widmen Sie sie Ihre Freunde und Familie. Bereue, dass er dich jemals verlassen hat. Bei jeder Enttäuschung gibt es einen Termin; Es hängt nur davon ab, auf welche Seite Sie schauen. Du bist stärker, als sie denken.

5. Flippen Sie nicht aus, wenn Ihr Ex das Dating beginnt

Der Gedanke, dass dein Ex mit jemand anderem zusammen ist, ist Grund genug für dich, auszuflippen, weil du denkst, dass er nicht das Recht hat, weiterzumachen, wenn du es nicht hast. Aber die Realität ist, dass es keine große Sache ist. Das Erste, was Sie tun müssen, ist, Ihren Instinkt zu beruhigen. Wenn Sie im Moment nichts tun, werden Sie sich in diese „neue Person" verlieben und Sie für immer vergessen.

Manchmal will man einfach nur hingehen und alles Mögliche tun, um ihn zurückzugewinnen, wie betteln, mitleidig sein, ihnen sagen, wie sehr man sie liebt, all ihren Bedingungen zustimmen (eine Fußmatte sein). Und falls sie die Tür nicht öffnen, möchten Sie einfach draußen stehen, sie anrufen und ihnen den ganzen Tag eine SMS schicken und sie von der neuen Person abhalten.

Falls Sie es bis jetzt noch nicht bemerkt haben, geraten Ihre Instinkte und Ihr Verstand in Panik, sobald Sie feststellen, dass sich Ihre Ex in einer neuen Beziehung befindet. In den meisten Fällen flippen die Leute aus und machen alle oben genannten Fehler. Vergessen zu wissen, dass Ihr Ex in einer Rebound-Beziehung sein könnte.

Die gute Nachricht ist, dass Rebound-Beziehungen eher früher als später enden. Es ist ungewöhnlich, aber Rebound-Beziehungen sind für viele Paare eine einfache Möglichkeit, mit Trennungen umzugehen. Glücklicherweise ist dies eine der unwirksamsten Methoden, um fortzufahren. Nur weil sie sich in einer erholsamen Beziehung befinden, heißt das nicht, dass sie dich vergessen und weitermachen.

Es ist genau das Gegenteil. Es bedeutet, dass sie es schwer haben, ohne dich weiterzukommen, und solange sie in dieser erholsamen Beziehung sind, vermeiden sie Schuldgefühle und fühlen sich stolz darauf, zurückzukommen. Es wird länger dauern, als sie erwartet haben, über dich hinwegzukommen.

Ein Beispiel für eine Rebound-Beziehung ist eine Zigarette. Es ist sehr ungesund und vermittelt ein falsches Gefühl der Ruhe, das endet, sobald die Flammen vorbei sind. Der Verbraucher steht immer wieder vor den gleichen Herausforderungen. (Je schneller Sie rauchen, desto schneller endet es)

Das Beste, was Sie tun können, während sich Ihr Ex in einer erholsamen Beziehung befindet, ist, cool darüber zu sein und so zu handeln, als ob alles normal wäre. Sagen Sie auf keinen Fall Ihrem Ex, er soll sich von seinen Rebound-Partnern trennen. Lass es ihre Idee sein. Denn wenn du erzählst, siehst du verzweifelt aus. Sobald sie erkennen, dass sie sich in einer erholsamen Beziehung befinden, werden sie diese beenden und sich ihren Herausforderungen stellen.

Ein Beispiel für eine Rebound-Beziehung ist eine Zigarette. Es ist sehr ungesund und vermittelt ein falsches Gefühl der Ruhe, das endet, sobald die Flammen vorbei sind. Der Verbraucher steht immer wieder vor den gleichen Herausforderungen. (Je schneller Sie rauchen, desto schneller endet es)

Das Beste, was Sie tun können, während sich Ihr Ex in einer erholsamen Beziehung befindet, ist, cool darüber zu sein und so zu handeln, als ob alles normal wäre. Sagen Sie auf keinen Fall Ihrem Ex, er soll sich von seinen Rebound-Partnern trennen. Lass es ihre Idee sein. Denn wenn du erzählst, siehst du verzweifelt aus. Sobald sie erkennen, dass sie sich in einer erholsamen

Beziehung befinden, werden sie diese beenden und sich ihren Herausforderungen stellen.

6. Vermeiden Sie das Schimpfen von Namen und Ärger

Schimpfwörter sind in Fällen üblich, in denen Sie sich gegenseitig bedroht haben, bevor Sie sich getrennt haben. Paare, die es gewohnt sind, sich gegenseitig zu misshandeln oder sich beim Kämpfen oder Streiten sehr zu ärgern, werden mit hoher Wahrscheinlichkeit von Ihrem Instinkt verlangt, dass Sie dies erneut tun, wenn Sie Schluss machen.

Ich werde weiterhin sagen, dass Sie Ihren Instinkten nicht nachgeben. Es ist an der Zeit, Ihrem Partner den Unterschied verantwortungsbewusster zu zeigen.

Wütend zu werden, wird Ihren Partner nur an all die schlechten Zeiten erinnern, die Sie erlebt haben und es wird nach und nach die Grundlage der Beziehung, die Sie pflegen und zurück wollen, untergraben.

7. Fight Obsession – die Lust zu kämpfen

Ihr Instinkt wird Ihnen immer wieder sagen, dass Ihr Partner Sie zurückhaben möchte. Ihr Partner vermisst Sie, was Sie tun können, um sie zurückzubekommen, und lässt Sie sogar denken, dass sie überlegen, eine neue Beziehung zu beginnen. Es gibt ein Sprichwort: „Wenn du jemanden liebst, sei bereit, ihn gehen zu lassen, wenn er zurückkommt, dann sollte es sein, wenn er nicht zurückkommt, dann war diese Person von Anfang an nie dein Partner."

Lassen Sie sich nicht von Besessenheit überraschen. Es ist wahr, dass Ihre Ex möchte, dass Sie sie auf die richtige Weise zurückgewinnen.

Sie glauben einfach nicht, dass Sie es können, um ihnen zu zeigen, dass Sie es können.

Vermeiden Sie diese 7 Schritte und lenken Sie sie in die richtige Richtung. Denken Sie daran, dass niemand weiß, was ein anderer denkt. Auf die gleiche Weise können Sie sie nicht zu etwas zwingen, für das sie nicht bereit sind. Sonst verlassen sie den Moment, in dem sie sich bewusst werden.

Liebe ist eine schöne Sache, sobald Sie Ihren Partner gefunden haben; Denken Sie immer daran, dass es keinen perfekten Menschen gibt. Perfektion entsteht vielmehr durch harte Arbeit, Opferbereitschaft und Engagement sowie durch die Zeit, die Sie in Ihre Beziehung investieren. Es ist wie Rotwein, je älter, desto besser.

Fazit

Eine Person, die sich um eine andere kümmert, repräsentiert den größten Wert des Lebens (Jim Rohn) und „Der Weg zum Herzen eines Mannes führt über den Magen". Das Kochen von Essen für einen Mann ist ein guter Weg, um seine Zuneigung zu gewinnen und ihn näher zu halten. Viele Menschen haben über diese Aussage nachgedacht, ist der Weg zum Herzen eines Mannes wirklich durch seinen Magen?

Nun, neue Umfragen haben eine starke Beziehung zwischen Liebe und Essen ergeben. Ein Blick auf das Urteil in New York City am 4. Oktober 2013 / PRNewswire / das Urteil in Bezug auf ein „300 Sandwiches für einen Verlobungsring" war ein ziemlicher Haken in diesem Bereich und dank einer neuen Umfrage von YourTango.com, dem Laut 85% der Befragten können Sie eine Feministin sein und trotzdem gerne Mahlzeiten für Ihren Partner zubereiten.

Die Umfrage zeigt, welche Rolle Lebensmittel in der Liebe spielen. Und es bestätigt definitiv, dass der Weg zum Herzen eines Mannes durch seinen Magen führt. Obwohl dies nur für eine geringe Mehrheit der Männer zutrifft, gab fast die Hälfte der Frauen an, dass Essen der Weg zu ihren Herzen ist und dass Männer, die kochen, eine größere Chance haben, den ersten Eindruck zu hinterlassen als diejenigen, die dies nicht tun.

Denken Sie an die Kraft des Frühstücks im Bett. Tatsächlich stimmte eine große Mehrheit darin überein, dass Essen eine unglaublich wichtige Rolle in ihrer Beziehung spielt. Ungefähr 80% der Menschen glauben, dass das Zubereiten eines Essens für jemanden ein bedeutender Akt der Liebe ist.

Starke Beziehungen passieren nicht einfach, es braucht Zeit und viel harte Arbeit, um sie zum Laufen zu bringen. Um eine blühende Beziehung zu haben, müssen Sie engagiert, engagiert, liebevoll und bereit sein, für das Wachstum Ihrer Beziehung Opfer zu bringen. Schließlich ist eine gesunde Beziehung ein wichtiger Aspekt, um ein großartiges und erfülltes Leben zu führen.

Stichwortverzeichnis

1. Auflage, 2019

Impressum
copyright Heilkreis Just
Kontakt: Jurij Statjow/ Linprunstrasse 33/ 80335 München

Covergestaltung: Heilkreis Just Coverfoto: www.depositfotos.com

Printed in Poland
by Amazon Fulfillment
Poland Sp. z o.o., Wrocław

55127770R00099